中华人民共和国
国际刑事司法协助法

中国法制出版社

目　录

中华人民共和国主席令

第十三号

《中华人民共和国国际刑事司法协助法》已由中华人民共和国第十三届全国人民代表大会常务委员会第六次会议于2018年10月26日通过，现予公布，自公布之日起施行。

中华人民共和国主席　习近平

2018年10月26日

中华人民共和国
国际刑事司法协助法

（2018 年 10 月 26 日第十三届全国人民代表大会
常务委员会第六次会议通过）

目　录

第一章 总 则

第一条 为了保障国际刑事司法协助的正常进行，加强刑事司法领域的国际合作，有效惩治犯罪，保护个人和组织的合法权益，维护国家利益和社会秩序，制定本法。

第二条 本法所称国际刑事司法协助，是指中华人民共和国和外国在刑事案件调查、侦查、起诉、审判和执行等活动中相互提供协助，包括送达文书，调查取证，安排证人作证或者协助调查，查封、扣押、冻结涉案财物，没收、返还违法所得及其他涉案财物，移管被判刑人以及其他协助。

第三条 中华人民共和国和外国之间开展刑事司法协助，依照本法进行。

执行外国提出的刑事司法协助请求，适用本法、刑事诉讼法及其他相关法律的规定。

对于请求书的签署机关、请求书及所附材料的语言文字、有关办理期限和具体程序等事项，在不违反中华人民共和国法律的基本原则的情况下，可以按照刑事司法协助条约规定或者双方协商办理。

第四条 中华人民共和国和外国按照平等互惠原则开展国际刑事司法协助。

国际刑事司法协助不得损害中华人民共和国的主权、安全和社会公共利益，不得违反中华人民共和国法律的基本原则。

非经中华人民共和国主管机关同意，外国机构、组织和个人不得在中华人民共和国境内进行本法规定的刑事诉讼活动，中华人民共和国境内的机构、组织和个人不得向外国提供证据材料和本法规定的协助。

第五条 中华人民共和国和外国之间开展刑事司法协助，通过对外联系机关联系。

中华人民共和国司法部等对外联系机关负责提出、接收和转递刑事司法协助请求，处理其他与国际刑事司法协助相关的事务。

中华人民共和国和外国之间没有刑事司法协助条约的，通过外交途径联系。

第六条 国家监察委员会、最高人民法院、最高人民检察院、公安部、国家安全部等部门是开展国际刑事司法协助的主管机关，按照职责分工，审核向外国提出的刑事司法协助请求，审查处理对外联系机关转递的外国提出的刑事司法协助请求，承担其他与国际刑事司法协助相关的工作。在移管被判刑人案件中，司法部按照职责分工，承担相应的主管机关职责。

办理刑事司法协助相关案件的机关是国际刑事司法协助的办案机关，负责向所属主管机关提交需要向外国提出的刑事司法协助请求、执行所属主管机关交办的外国提出的刑事司法协助请求。

第七条 国家保障开展国际刑事司法协助所需经费。

第八条 中华人民共和国和外国相互执行刑事司法协助请求产生的费用，有条约规定的，按照条约承担；没有条约或者条约没有规定的，按照平等互惠原则通过协商解决。

第二章 刑事司法协助请求的提出、接收和处理

第一节 向外国请求刑事司法协助

第九条 办案机关需要向外国请求刑事司法协助的，应当制作刑事司法协助请求书并附相关材料，经所属主管机关审核同意后，由对外联系机关及时向外

国提出请求。

第十条 向外国的刑事司法协助请求书，应当依照刑事司法协助条约的规定提出；没有条约或者条约没有规定的，可以参照本法第十三条的规定提出；被请求国有特殊要求的，在不违反中华人民共和国法律的基本原则的情况下，可以按照被请求国的特殊要求提出。

请求书及所附材料应当以中文制作，并附有被请求国官方文字的译文。

第十一条 被请求国就执行刑事司法协助请求提出附加条件，不损害中华人民共和国的主权、安全和社会公共利益的，可以由外交部作出承诺。被请求国明确表示对外联系机关作出的承诺充分有效的，也可以由对外联系机关作出承诺。对于限制追诉的承诺，由最高人民检察院决定；对于量刑的承诺，由最高人民法院决定。

在对涉案人员追究刑事责任时，有关机关应当受所作出的承诺的约束。

第十二条 对外联系机关收到外国的有关通知或者执行结果后，应当及时转交或者转告有关主管机关。

外国就其提供刑事司法协助的案件要求通报诉讼结果的，对外联系机关转交有关主管机关办理。

第二节　向中华人民共和国请求刑事司法协助

第十三条　外国向中华人民共和国提出刑事司法协助请求的，应当依照刑事司法协助条约的规定提出请求书。没有条约或者条约没有规定的，应当在请求书中载明下列事项并附相关材料：

（一）请求机关的名称；

（二）案件性质、涉案人员基本信息及犯罪事实；

（三）本案适用的法律规定；

（四）请求的事项和目的；

（五）请求的事项与案件之间的关联性；

（六）希望请求得以执行的期限；

（七）其他必要的信息或者附加的要求。

在没有刑事司法协助条约的情况下，请求国应当作出互惠的承诺。

请求书及所附材料应当附有中文译文。

第十四条　外国向中华人民共和国提出的刑事司法协助请求，有下列情形之一的，可以拒绝提供协助：

（一）根据中华人民共和国法律，请求针对的行为不构成犯罪；

（二）在收到请求时，在中华人民共和国境内对于请求针对的犯罪正在进行调查、侦查、起诉、审判，已经作出生效判决，终止刑事诉讼程序，或者犯罪已过追诉时效期限；

（三）请求针对的犯罪属于政治犯罪；

（四）请求针对的犯罪纯属军事犯罪；

（五）请求的目的是基于种族、民族、宗教、国籍、性别、政治见解或者身份等方面的原因而进行调查、侦查、起诉、审判、执行刑罚，或者当事人可能由于上述原因受到不公正待遇；

（六）请求的事项与请求协助的案件之间缺乏实质性联系；

（七）其他可以拒绝的情形。

第十五条 对外联系机关收到外国提出的刑事司法协助请求，应当对请求书及所附材料进行审查。对于请求书形式和内容符合要求的，应当按照职责分工，将请求书及所附材料转交有关主管机关处理；对于请求书形式和内容不符合要求的，可以要求请求国补充材料或者重新提出请求。

对于刑事司法协助请求明显损害中华人民共和国

的主权、安全和社会公共利益的，对外联系机关可以直接拒绝协助。

第十六条 主管机关收到对外联系机关转交的刑事司法协助请求书及所附材料后，应当进行审查，并分别作出以下处理：

（一）根据本法和刑事司法协助条约的规定认为可以协助执行的，作出决定并安排有关办案机关执行；

（二）根据本法第四条、第十四条或者刑事司法协助条约的规定，认为应当全部或者部分拒绝协助的，将请求书及所附材料退回对外联系机关并说明理由；

（三）对执行请求有保密要求或者有其他附加条件的，通过对外联系机关向外国提出，在外国接受条件并且作出书面保证后，决定附条件执行；

（四）需要补充材料的，书面通知对外联系机关要求请求国在合理期限内提供。

执行请求可能妨碍中华人民共和国有关机关正在进行的调查、侦查、起诉、审判或者执行的，主管机关可以决定推迟协助，并将推迟协助的决定和理由书面通知对外联系机关。

外国对执行其请求有保密要求或者特殊程序要求的，在不违反中华人民共和国法律的基本原则的情况下，主管机关可以按照其要求安排执行。

第十七条 办案机关收到主管机关交办的外国刑事司法协助请求后，应当依法执行，并将执行结果或者妨碍执行的情形及时报告主管机关。

办案机关在执行请求过程中，应当维护当事人和其他相关人员的合法权益，保护个人信息。

第十八条 外国请求将通过刑事司法协助取得的证据材料用于请求针对的案件以外的其他目的的，对外联系机关应当转交主管机关，由主管机关作出是否同意的决定。

第十九条 对外联系机关收到主管机关的有关通知或者执行结果后，应当及时转交或者转告请求国。

对于中华人民共和国提供刑事司法协助的案件，主管机关可以通过对外联系机关要求外国通报诉讼结果。

外国通报诉讼结果的，对外联系机关收到相关材料后，应当及时转交或者转告主管机关，涉及对中华人民共和国公民提起刑事诉讼的，还应当通知外交部。

第三章　送达文书

第一节　向外国请求送达文书

第二十条　办案机关需要外国协助送达传票、通知书、起诉书、判决书和其他司法文书的，应当制作刑事司法协助请求书并附相关材料，经所属主管机关审核同意后，由对外联系机关及时向外国提出请求。

第二十一条　向外国请求送达文书的，请求书应当载明受送达人的姓名或者名称、送达的地址以及需要告知受送达人的相关权利和义务。

第二节　向中华人民共和国请求送达文书

第二十二条　外国可以请求中华人民共和国协助送达传票、通知书、起诉书、判决书和其他司法文书。中华人民共和国协助送达司法文书，不代表对外国司法文书法律效力的承认。

请求协助送达出庭传票的，应当按照有关条约规定的期限提出。没有条约或者条约没有规定的，应当至迟在开庭前三个月提出。

对于要求中华人民共和国公民接受讯问或者作为被告人出庭的传票，中华人民共和国不负有协助送达的义务。

第二十三条 外国向中华人民共和国请求送达文书的，请求书应当载明受送达人的姓名或者名称、送达的地址以及需要告知受送达人的相关权利和义务。

第二十四条 负责执行协助送达文书的人民法院或者其他办案机关，应当及时将执行结果通过所属主管机关告知对外联系机关，由对外联系机关告知请求国。除无法送达的情形外，应当附有受送达人签收的送达回执或者其他证明文件。

第四章 调查取证

第一节 向外国请求调查取证

第二十五条 办案机关需要外国就下列事项协助调查取证的，应当制作刑事司法协助请求书并附相关材料，经所属主管机关审核同意后，由对外联系机关及时向外国提出请求：

（一）查找、辨认有关人员；

（二）查询、核实涉案财物、金融账户信息；

（三）获取并提供有关人员的证言或者陈述；

（四）获取并提供有关文件、记录、电子数据和物品；

（五）获取并提供鉴定意见；

（六）勘验或者检查场所、物品、人身、尸体；

（七）搜查人身、物品、住所和其他有关场所；

（八）其他事项。

请求外国协助调查取证时，办案机关可以同时请求在执行请求时派员到场。

第二十六条 向外国请求调查取证的，请求书及所附材料应当根据需要载明下列事项：

（一）被调查人的姓名、性别、住址、身份信息、联系方式和有助于确认被调查人的其他资料；

（二）需要向被调查人提问的问题；

（三）需要查找、辨认人员的姓名、性别、住址、身份信息、联系方式、外表和行为特征以及有助于查找、辨认的其他资料；

（四）需要查询、核实的涉案财物的权属、地点、特性、外形和数量等具体信息，需要查询、核实的金融账户相关信息；

（五）需要获取的有关文件、记录、电子数据和物品的持有人、地点、特性、外形和数量等具体信息；

（六）需要鉴定的对象的具体信息；

（七）需要勘验或者检查的场所、物品等的具体信息；

（八）需要搜查的对象的具体信息；

（九）有助于执行请求的其他材料。

第二十七条 被请求国要求归还其提供的证据材料或者物品的，办案机关应当尽快通过对外联系机关归还。

第二节 向中华人民共和国请求调查取证

第二十八条 外国可以请求中华人民共和国就本法第二十五条第一款规定的事项协助调查取证。

外国向中华人民共和国请求调查取证的，请求书及所附材料应当根据需要载明本法第二十六条规定的事项。

第二十九条 外国向中华人民共和国请求调查取证时，可以同时请求在执行请求时派员到场。经同意到场的人员应当遵守中华人民共和国法律，服从主管机关和办案机关的安排。

第三十条 办案机关要求请求国保证归还其提供的证据材料或者物品，请求国作出保证的，可以提供。

第五章 安排证人作证或者协助调查

第一节 向外国请求安排证人作证或者协助调查

第三十一条 办案机关需要外国协助安排证人、鉴定人来中华人民共和国作证或者通过视频、音频作证，或者协助调查的，应当制作刑事司法协助请求书并附相关材料，经所属主管机关审核同意后，由对外联系机关及时向外国提出请求。

第三十二条 向外国请求安排证人、鉴定人作证或者协助调查的，请求书及所附材料应当根据需要载明下列事项：

（一）证人、鉴定人的姓名、性别、住址、身份信息、联系方式和有助于确认证人、鉴定人的其他资料；

（二）作证或者协助调查的目的、必要性、时间和地点等；

（三）证人、鉴定人的权利和义务；

（四）对证人、鉴定人的保护措施；

（五）对证人、鉴定人的补助；

（六）有助于执行请求的其他材料。

第三十三条 来中华人民共和国作证或者协助调查的证人、鉴定人在离境前，其入境前实施的犯罪不受追诉；除因入境后实施违法犯罪而被采取强制措施的以外，其人身自由不受限制。

证人、鉴定人在条约规定的期限内或者被通知无需继续停留后十五日内没有离境的，前款规定不再适用，但是由于不可抗力或者其他特殊原因未能离境的除外。

第三十四条 对来中华人民共和国作证或者协助调查的证人、鉴定人，办案机关应当依法给予补助。

第三十五条 来中华人民共和国作证或者协助调查的人员系在押人员的，由对外联系机关会同主管机关与被请求国就移交在押人员的相关事项事先达成协议。

主管机关和办案机关应当遵守协议内容，依法对被移交的人员予以羁押，并在作证或者协助调查结束后及时将其送回被请求国。

第二节　向中华人民共和国请求安排证人作证或者协助调查

第三十六条　外国可以请求中华人民共和国协助安排证人、鉴定人赴外国作证或者通过视频、音频作证，或者协助调查。

外国向中华人民共和国请求安排证人、鉴定人作证或者协助调查的，请求书及所附材料应当根据需要载明本法第三十二条规定的事项。

请求国应当就本法第三十三条第一款规定的内容作出书面保证。

第三十七条　证人、鉴定人书面同意作证或者协助调查的，办案机关应当及时将证人、鉴定人的意愿、要求和条件通过所属主管机关通知对外联系机关，由对外联系机关通知请求国。

安排证人、鉴定人通过视频、音频作证的，主管机关或者办案机关应当派员到场，发现有损害中华人民共和国的主权、安全和社会公共利益以及违反中华人民共和国法律的基本原则的情形的，应当及时制止。

第三十八条　外国请求移交在押人员出国作证或

者协助调查，并保证在作证或者协助调查结束后及时将在押人员送回的，对外联系机关应当征求主管机关和在押人员的意见。主管机关和在押人员均同意出国作证或者协助调查的，由对外联系机关会同主管机关与请求国就移交在押人员的相关事项事先达成协议。

在押人员在外国被羁押的期限，应当折抵其在中华人民共和国被判处的刑期。

第六章　查封、扣押、冻结涉案财物

第一节　向外国请求查封、扣押、冻结涉案财物

第三十九条　办案机关需要外国协助查封、扣押、冻结涉案财物的，应当制作刑事司法协助请求书并附相关材料，经所属主管机关审核同意后，由对外联系机关及时向外国提出请求。

外国对于协助执行中华人民共和国查封、扣押、冻结涉案财物的请求有特殊要求的，在不违反中华人民共和国法律的基本原则的情况下，可以同意。需要由司法机关作出决定的，由人民法院作出。

第四十条　向外国请求查封、扣押、冻结涉案

财物的，请求书及所附材料应当根据需要载明下列事项：

（一）需要查封、扣押、冻结的涉案财物的权属证明、名称、特性、外形和数量等；

（二）需要查封、扣押、冻结的涉案财物的地点。资金或者其他金融资产存放在金融机构中的，应当载明金融机构的名称、地址和账户信息；

（三）相关法律文书的副本；

（四）有关查封、扣押、冻结以及利害关系人权利保障的法律规定；

（五）有助于执行请求的其他材料。

第四十一条　外国确定的查封、扣押、冻结的期限届满，办案机关需要外国继续查封、扣押、冻结相关涉案财物的，应当再次向外国提出请求。

办案机关决定解除查封、扣押、冻结的，应当及时通知被请求国。

第二节　向中华人民共和国请求查封、扣押、冻结涉案财物

第四十二条　外国可以请求中华人民共和国协助查封、扣押、冻结在中华人民共和国境内的涉案财物。

外国向中华人民共和国请求查封、扣押、冻结涉案财物的，请求书及所附材料应当根据需要载明本法第四十条规定的事项。

第四十三条 主管机关经审查认为符合下列条件的，可以同意查封、扣押、冻结涉案财物，并安排有关办案机关执行：

（一）查封、扣押、冻结符合中华人民共和国法律规定的条件；

（二）查封、扣押、冻结涉案财物与请求国正在进行的刑事案件的调查、侦查、起诉和审判活动相关；

（三）涉案财物可以被查封、扣押、冻结；

（四）执行请求不影响利害关系人的合法权益；

（五）执行请求不影响中华人民共和国有关机关正在进行的调查、侦查、起诉、审判和执行活动。

办案机关应当及时通过主管机关通知对外联系机关，由对外联系机关将查封、扣押、冻结的结果告知请求国。必要时，办案机关可以对被查封、扣押、冻结的涉案财物依法采取措施进行处理。

第四十四条 查封、扣押、冻结的期限届满，外国需要继续查封、扣押、冻结相关涉案财物的，应当再次向对外联系机关提出请求。

外国决定解除查封、扣押、冻结的，对外联系机关应当通过主管机关通知办案机关及时解除。

第四十五条 利害关系人对查封、扣押、冻结有异议，办案机关经审查认为查封、扣押、冻结不符合本法第四十三条第一款规定的条件的，应当报请主管机关决定解除查封、扣押、冻结并通知对外联系机关，由对外联系机关告知请求国；对案件处理提出异议的，办案机关可以通过所属主管机关转送对外联系机关，由对外联系机关向请求国提出。

第四十六条 由于请求国的原因导致查封、扣押、冻结不当，对利害关系人的合法权益造成损害的，办案机关可以通过对外联系机关要求请求国承担赔偿责任。

第七章 没收、返还违法所得及其他涉案财物

第一节 向外国请求没收、返还违法所得及其他涉案财物

第四十七条 办案机关需要外国协助没收违法所

得及其他涉案财物的，应当制作刑事司法协助请求书并附相关材料，经所属主管机关审核同意后，由对外联系机关及时向外国提出请求。

请求外国将违法所得及其他涉案财物返还中华人民共和国或者返还被害人的，可以在向外国提出没收请求时一并提出，也可以单独提出。

外国对于返还被查封、扣押、冻结的违法所得及其他涉案财物有特殊要求的，在不违反中华人民共和国法律的基本原则的情况下，可以同意。需要由司法机关作出决定的，由人民法院作出决定。

第四十八条 向外国请求没收、返还违法所得及其他涉案财物的，请求书及所附材料应当根据需要载明下列事项：

（一）需要没收、返还的违法所得及其他涉案财物的名称、特性、外形和数量等；

（二）需要没收、返还的违法所得及其他涉案财物的地点。资金或者其他金融资产存放在金融机构中的，应当载明金融机构的名称、地址和账户信息；

（三）没收、返还的理由和相关权属证明；

（四）相关法律文书的副本；

（五）有关没收、返还以及利害关系人权利保障的法律规定；

（六）有助于执行请求的其他材料。

第四十九条 外国协助没收、返还违法所得及其他涉案财物的，由对外联系机关会同主管机关就有关财物的移交问题与外国进行协商。

对于请求外国协助没收、返还违法所得及其他涉案财物，外国提出分享请求的，分享的数额或者比例，由对外联系机关会同主管机关与外国协商确定。

第二节 向中华人民共和国请求没收、返还违法所得及其他涉案财物

第五十条 外国可以请求中华人民共和国协助没收、返还违法所得及其他涉案财物。

外国向中华人民共和国请求协助没收、返还违法所得及其他涉案财物的，请求书及所附材料应当根据需要载明本法第四十八条规定的事项。

第五十一条 主管机关经审查认为符合下列条件的，可以同意协助没收违法所得及其他涉案财物，并安排有关办案机关执行：

（一）没收违法所得及其他涉案财物符合中华人民共和国法律规定的条件；

（二）外国充分保障了利害关系人的相关权利；

（三）在中华人民共和国有可供执行的财物；

（四）请求书及所附材料详细描述了请求针对的财物的权属、名称、特性、外形和数量等信息；

（五）没收在请求国不能执行或者不能完全执行；

（六）主管机关认为应当满足的其他条件。

第五十二条 外国请求协助没收违法所得及其他涉案财物，有下列情形之一的，可以拒绝提供协助，并说明理由：

（一）中华人民共和国或者第三国司法机关已经对请求针对的财物作出生效裁判，并且已经执行完毕或者正在执行；

（二）请求针对的财物不存在，已经毁损、灭失、变卖或者已经转移导致无法执行，但请求没收变卖物或者转移后的财物的除外；

（三）请求针对的人员在中华人民共和国境内有尚未清偿的债务或者尚未了结的诉讼；

（四）其他可以拒绝的情形。

第五十三条 外国请求返还违法所得及其他涉案

财物，能够提供确实、充分的证据证明，主管机关经审查认为符合中华人民共和国法律规定的条件的，可以同意并安排有关办案机关执行。返还前，办案机关可以扣除执行请求产生的合理费用。

第五十四条 对于外国请求协助没收、返还违法所得及其他涉案财物的，可以由对外联系机关会同主管机关提出分享的请求。分享的数额或者比例，由对外联系机关会同主管机关与外国协商确定。

第八章 移管被判刑人

第一节 向外国移管被判刑人

第五十五条 外国可以向中华人民共和国请求移管外国籍被判刑人，中华人民共和国可以向外国请求移管外国籍被判刑人。

第五十六条 向外国移管被判刑人应当符合下列条件：

（一）被判刑人是该国国民；

（二）对被判刑人判处刑罚所针对的行为根据该国法律也构成犯罪；

（三）对被判刑人判处刑罚的判决已经发生法律效力；

（四）被判刑人书面同意移管，或者因被判刑人年龄、身体、精神等状况确有必要，经其代理人书面同意移管；

（五）中华人民共和国和该国均同意移管。

有下列情形之一的，可以拒绝移管：

（一）被判刑人被判处死刑缓期执行或者无期徒刑，但请求移管时已经减为有期徒刑的除外；

（二）在请求移管时，被判刑人剩余刑期不足一年；

（三）被判刑人在中华人民共和国境内存在尚未了结的诉讼；

（四）其他不宜移管的情形。

第五十七条 请求向外国移管被判刑人的，请求书及所附材料应当根据需要载明下列事项：

（一）请求机关的名称；

（二）被请求移管的被判刑人的姓名、性别、国籍、身份信息和其他资料；

（三）被判刑人的服刑场所；

（四）请求移管的依据和理由；

（五）被判刑人或者其代理人同意移管的书面声明；

（六）其他事项。

第五十八条 主管机关应当对被判刑人的移管意愿进行核实。外国请求派员对被判刑人的移管意愿进行核实的，主管机关可以作出安排。

第五十九条 外国向中华人民共和国提出移管被判刑人的请求的，或者主管机关认为需要向外国提出移管被判刑人的请求的，主管机关应当会同相关主管部门，作出是否同意外国请求或者向外国提出请求的决定。作出同意外国移管请求的决定后，对外联系机关应当书面通知请求国和被判刑人。

第六十条 移管被判刑人由主管机关指定刑罚执行机关执行。移交被判刑人的时间、地点、方式等执行事项，由主管机关与外国协商确定。

第六十一条 被判刑人移管后对原生效判决提出申诉的，应当向中华人民共和国有管辖权的人民法院提出。

人民法院变更或者撤销原生效判决的，应当及时通知外国。

第二节　向中华人民共和国移管被判刑人

第六十二条　中华人民共和国可以向外国请求移管中国籍被判刑人，外国可以请求中华人民共和国移管中国籍被判刑人。移管的具体条件和办理程序，参照本章第一节的有关规定执行。

第六十三条　被判刑人移管回国后，由主管机关指定刑罚执行机关先行关押。

第六十四条　人民检察院应当制作刑罚转换申请书并附相关材料，提请刑罚执行机关所在地的中级人民法院作出刑罚转换裁定。

人民法院应当依据外国法院判决认定的事实，根据刑法规定，作出刑罚转换裁定。对于外国法院判处的刑罚性质和期限符合中华人民共和国法律规定的，按照其判处的刑罚和期限予以转换；对于外国法院判处的刑罚性质和期限不符合中华人民共和国法律规定的，按照下列原则确定刑种、刑期：

（一）转换后的刑罚应当尽可能与外国法院判处的刑罚相一致；

（二）转换后的刑罚在性质上或者刑期上不得重于外国法院判处的刑罚，也不得超过中华人民共和国刑法对同类犯罪所规定的最高刑期；

（三）不得将剥夺自由的刑罚转换为财产刑；

（四）转换后的刑罚不受中华人民共和国刑法对同类犯罪所规定的最低刑期的约束。

被判刑人回国服刑前被羁押的，羁押一日折抵转换后的刑期一日。

人民法院作出的刑罚转换裁定，是终审裁定。

第六十五条 刑罚执行机关根据刑罚转换裁定将移管回国的被判刑人收监执行刑罚。刑罚执行以及减刑、假释、暂予监外执行等，依照中华人民共和国法律办理。

第六十六条 被判刑人移管回国后对外国法院判决的申诉，应当向外国有管辖权的法院提出。

第九章 附 则

第六十七条 中华人民共和国与有关国际组织开展刑事司法协助，参照本法规定。

第六十八条 向中华人民共和国提出的刑事司法协助请求或者应中华人民共和国请求提供的文件和证据材料，按照条约的规定办理公证和认证事宜。没有条约或者条约没有规定的，按照互惠原则办理。

第六十九条　本法所称刑事司法协助条约，是指中华人民共和国与外国缔结或者共同参加的刑事司法协助条约、移管被判刑人条约或者载有刑事司法协助、移管被判刑人条款的其他条约。

第七十条　本法自公布之日起施行。

关于《中华人民共和国国际刑事司法协助法（草案）》的说明

——2017年12月22日在第十二届全国人民代表大会常务委员会第三十一次会议上

全国人大外事委员会主任委员　傅　莹

委员长、各位副委员长、秘书长、各位委员：

国际刑事司法协助法是第十二届全国人大常委会立法规划一类项目，由司法部牵头起草，全国人大外事委员会负责提请审议。我受外事委员会的委托，作关于《中华人民共和国国际刑事司法协助法（草案）》的说明。

一、制定本法的必要性

（一）制定国际刑事司法协助法是落实党的十九大精神，全面推进依法治国、推进反腐败国家立法、推进国际追逃追赃工作的需要

党中央高度重视反腐败和国际追逃追赃的法律制

度建设，国际刑事司法协助法是反腐败国家立法的重要内容。党的十八大以来，习近平总书记就制定国际刑事司法协助法先后两次作出重要指示。党的十九大报告指出，全面依法治国是中国特色社会主义的本质要求和重要保障，强调要完善以宪法为核心的中国特色社会主义法律体系，建设中国特色社会主义法治体系；报告进一步强调“推进反腐败国家立法”，不管腐败分子逃到哪里，都要缉拿归案、绳之以法。

当前，民商事司法协助、引渡合作分别在民事诉讼法和引渡法中已有规定，刑事司法协助只在刑事诉讼法第 17 条有原则性规定，具体合作内容、要件以及执行程序等未予明确。制定一部内容较为完备、行之有效的国际刑事司法协助法，是贯彻落实党的十九大精神的具体体现，有利于规范和完善我国刑事司法协助体制，填补刑事司法协助国际合作的法律空白，完善追逃追赃有关法律制度，为推进全面依法治国、全面从严治党作出应有贡献。

（二）制定国际刑事司法协助法有利于加强国际合作打击跨国犯罪，为我国履行国际条约义务提供法律依据

党的十八届四中全会强调，要“加强涉外法律工

作。深化司法领域国际合作，完善我国司法协助体制，扩大国际司法协助覆盖面”。习近平总书记在重大外交活动中先后80余次就反腐败和国际追逃追赃发表重要谈话，共同打击跨国犯罪、推进反腐败国际追逃追赃合作已经成为我国与有关国家和国际组织开展交流合作的重要领域。有效惩治跨国犯罪离不开国家间的紧密合作，需要有效履行相关国际条约义务。截至目前，我国已经批准和加入了包括《联合国反腐败公约》和《联合国打击跨国有组织犯罪公约》等多项含有刑事司法协助内容的国际公约，批准了54件有关刑事司法协助的双边条约。

但是，我国与外国开展打击跨国犯罪国际合作尚存在一些制度障碍，例如履行国际条约的国内法律依据不足、我国司法机关主动利用条约开展国际合作的意识和能力不强等。制定国际刑事司法协助法，能够从制度上解决这些问题，通过法律手段加强国际合作、打击跨国犯罪，为我国履行国际条约义务提供国内法律依据，树立负责任大国的形象。

（三）制定国际刑事司法协助法有利于明确刑事司法协助工作的管理职责，形成工作合力

刑事司法协助工作涉及刑事案件侦查、起诉、审

判和执行等刑事诉讼程序各个阶段以及对外承诺等活动，参与工作的国内部门众多，包括最高人民法院、最高人民检察院、外交部、公安部、司法部等。由于各部门参与刑事诉讼国际合作的法律依据缺失、已缔结的国际条约对我国内部门参与国际合作的规定不尽一致，导致在当前实践中，各部门职责划分有待厘清、部门间协调机制需要完善。

制定国际刑事司法协助法是国家反腐败和打击跨国犯罪等工作的一项顶层设计，有利于从法律上明确各相关部门在刑事司法协助中的职责和任务，有利于解决职责不清、协调不畅的问题，有利于强化分工合作、提升工作效率，进一步完善国际刑事司法协助工作的制度体系。

二、本法起草的过程和基本原则

2003 年 10 月，第 58 届联合国大会通过《联合国反腐败公约》（以下简称《公约》），中央纪委于 2004 年牵头成立研究实施《公约》协调小组。2005 年 10 月，第十届全国人大常委会第十八次会议决定批准了《公约》。为了实现我国法律制度与《公约》及其他相关国际条约的衔接，研究实施《公约》协调小组于 2006 年 6 月召开第三次全体会议，明确提出制定司法协助法的任务，指定司法部会同中央纪委监察部、最高人民法院、最高人民检察院、外交部、公安部等部门起草。2008 年 10 月，司法协助法被列为第十一届全国人大常委会立法规划二类项目。

2013 年 10 月，国际刑事司法协助法列入第十二届全国人大常委会立法规划三类项目。2014 年 10 月，中央反腐败协调小组第五次会议明确该法有关立法问题由中央政法委负责协调。2015 年 6 月，国际刑事司法协助法被调整列为本届全国人大常委会立法规划一类项目。中央纪委、中央政法委、全国人大外事委员会和司法部等部门高度重视立法工作，积极推进立法进程。经过近三年全面深入的调研论证，在先后五次广泛征求最高人民法院、最高人民检察院、国务院有关部门及专家学者等各方面意见的基础上，形成了目前的《中华人民共和国国际刑事司法协助法(草案)》。

在本法的起草过程中，主要把握了以下三个方面：

(一) 坚持主权原则与合作理念。国际刑事司法协助首先要坚持国家主权原则，合作绝不能损害国家主权、安全和社会公共利益；其次要体现国家之间相互提供最广泛合作的精神。因此，草案有关条款强调我国的司法主权不容侵害，明确规定应当或者可以拒绝合作的情形，同时草案也体现了平等互惠原则，规定了相对宽泛的合作范围，为顺利开展合作创造条件、铺平道路。

（二）坚持从国情出发，兼顾我国实践、外国经验和国际条约。草案立足于我国现有的刑事诉讼制度和相关部门在刑事诉讼不同阶段的职责分工，注重本法与刑法、刑事诉讼法等法律的协调。同时，草案反映了我国刑事司法协助工作实践的一般规则，借鉴外国开展刑事司法协助工作的有益经验，注意本法与国际条约相衔接。

（三）坚持以问题为导向，立足当前，着眼长远。在全面总结过去30多年开展刑事司法协助工作实践经验的基础上，草案着眼于为我国与外国的国际刑事司法协助提供必要的法律依据，以解决合作中的实际问题为导向，以服务反腐败国际追逃追赃为目的。草案各项制度的设计立足于我国当前的司法体制机制和刑事诉讼制度，同时，注意把握实践发展的新趋势、新理念，保障我国刑事司法协助工作的持续健康发展。

三、国际刑事司法协助法草案的主要内容

草案共有9章、72条。

第一章是“总则”，有8条。本章规定了立法目的、定义，规定了开展协助的原则、依据、对外联系机关、主管机关和办案机关，规定了经费保障和费用承担等问题。鉴于我国的刑事司法协助实践是缔约先于立法，与不同国家签订的条约内容各有不同，草案第四条第一款明确了我国和外国缔结或者共同参加的条约是协助依据之一。

第二章是“刑事司法协助请求的提出、接收和处理”，有2节、13条。本章分别规定了在我国向外国请求刑事司法协助和外国向我国请求刑事司法协助的两种情况下，提出、接收和处理刑事司法协助请求的程序、请求书要件、我国拒绝提供协助的情形、附加条件、结果通知等。草案第五、六、十四、十七条明确规定了我国刑事司法协助的对外联系机关、主管机关、办案机关，划分了对外联系机关与主管机关的职责。

第三章是“送达文书”，有2节、5条。本章分别规定了我国向外国提出送达文书请求的程序、外国向我国提出送达文书请求在我国执行的程序，以及送

达文书请求书的要件、送达文书的范围和效力等。

第四章是“调查取证”，有2节、6条。本章分别规定了我国向外国提出调查取证请求的事项和程序、外国向我国提出调查取证请求在我国执行的程序和拒绝安排的情形，以及调查取证请求书的要件、证据材料和物品的返还等。

第五章是“安排证人作证或者协助调查”，有2节、9条。本章规定了我国向外国提出安排证人作证或者协助调查请求的程序、请求书要件，证人、鉴定人的保护及其作证费用和津贴，以及移送在押人员作证等，规定了外国向我国提出安排证人作证或者协助调查请求、移送在押人员作证请求在我国执行的程序，以及请求书要件等。

第六章是“涉案财物的查封、扣押、冻结”，有2节、7条。本章规定了我国向外国提出查封、扣押、冻结涉案财物请求的程序、请求书要件，以及续冻、变更和撤销问题，规定了外国向我国提出查封、扣押、冻结涉案财物请求及其执行的程序，以及费用和赔偿等。

第七章是“违法所得的没收、返还和分享”，有2节、18条。本章规定了我国向外国提出没收、返还和分享违法所得请求的程序、请求书要件，财物移交及分享比例、财产刑的协助执行等，规定了外国向我国提出没收、返还和分享违法所得请求的审查、执行程序以及请求书要件，我国对外国请求予以承认的条件、不予承认的情形，以及外国财产刑的协助执行等。

第八章是“刑事诉讼结果通报”，有2条。本章分别规定了我国请求外国、外国请求我国通报刑事诉讼结果的程序。

第九章是“附则”，有4条。本章包括与国际组织合作、公证和认证互免、其他条约对外联系机关以及生效日期等。

四、需要重点说明的问题

刑事司法协助的对外联系机关设置以及对外联系机关与主管机关的职责划分，是国际刑事司法协助法立法需要认真处理好的一个重要问题，包括以下三个层面的问题：

一是对外联系机关怎么设置和命名。对外联系机关通常是指涉及刑事司法协助的国际条约中规定的，由一国国内法或政府确定的有权代表该国提出、接收、转递和执行国际刑事司法协助请求的机关。国际刑事司法协助法草案起草过程中，各方面关于对外联系机关是否由一个部门承担、怎么命名的问题，意见还不尽一致。有的意见认为，从归口管理刑事司法协助工作、保持协助渠道顺畅、遵循国际惯例、履行相关条约义务的角度，应当在法律中明确一个部门作为对外联系机关，并命名为“中央机关”。有的意见认为，对外联系机关的设置应当尊重我国既往的缔约实践，相关部门均可依据我国与外国缔结或者共同参加的条约作为负责对外联系的机关。还有意见认为，法律中不宜明确哪个部门作为对外联系的机关。关于名称，多数意见都建议沿用引渡法的用语，命名为“对外联系机关”为宜。中央政法委高度重视对外联系机关设置和命名问题，多次组织各部门研究。根据中央政法委协调意见，草案第五条规定，司法部等部门为我国和外国之间开展刑事司法协助的对外联系机关。

二是对外联系机关与主管机关的职责划分。各方面普遍认为理顺对外联系机关和主管机关的关系是完善司法协助体制机制的重要内容，但是对分别赋予对外联系机关和主管机关何种职责，在草案起草过程中有不同意见。有的意见认为，应当赋予对外联系机关相对宽泛的审查职权，既可以形式审查，也可以实质审查，必要时还可以征求各相关部门意见对外国请求作出决定，以便节约执法和司法资源，把握统一的审查标准。有的意见认为，对外联系机关的职责设置应当符合我国刑事诉讼法规定的部门职责分工，定位为形式审查而非实质审查，由主管机关对外国请求作出决定。根据中央政法委协调意见，草案原则上规定对外联系机关承担对外国请求的形式审查职责，包括提出、接收、审查和协调办理刑事司法协助请求，处理其他相关事务，且仅审查外国请求书的形式和内容；原则上规定主管机关依照刑事诉讼职能分工，审查办理对外联系机关转递的刑事司法协助请求，审查决定是否批准执行或者拒绝提供协助。

三是对外承诺的职责分工。当外国对执行我国刑事司法协助请求提出条件时，我国需要研究决定是否同意该外国的条件，由什么部门决定并对外作出承诺，也是国际刑事司法协助的重要问题。草案起草过程中，各方面对作出决定的主体基本无异议，但对作出承诺的职责分工有不同意见。有的意见认为，经主管机关决定后，应当由对外联系机关作出承诺，这符合刑事司法协助工作规律，更便捷高效。有的意见认为，经主管机关决定后，应当由外交部统一作出承诺。根据中央政法委的协调意见，草案原则上规定，关于外国提出的条件，由外交部代表我国对外承诺。外国明确表示对外联系机关作出承诺充分有效的，也可以由对外联系机关作出承诺。

《中华人民共和国国际刑事司法协助法（草案）》和以上说明是否妥当，请审议。

中华人民共和国国际刑事司法协助法

ZHONGHUA RENMIN GONGHEGUO GUOJI XINGSHI SIFA XIEZHU FA

经销/新华书店

印刷/河北鑫兆源印刷有限公司

开本/850 毫米×1168 毫米　32 开　　印张/1.5　字数/16 千

版次/2018 年 10 月第 1 版　　2018 年 10 月第 1 次印刷

中国法制出版社出版

书号 ISBN 978-7-5093-4955-7　　定价：6.00 元

北京西单横二条 2 号

邮政编码 100031　　传真：010-66031119

网址：http：//www.zgfzs.com　　**编辑部电话：010-66066621**

市场营销部电话：010-66033393　　**邮购部电话：010-66033288**

（如有印装质量问题，请与本社印务部联系调换。电话：010-66032926）